SPECTACLE EN FAMILLE.

PREMIÈRE SÉRIE.

LES MARIAGES MANQUÉS.

UNE

PAIRE DE BAS BLEUS

OPÉRA-COMIQUE EN UN ACTE.

Par G. MILLOT.

TROISIÈME LIVRAISON.

PARIS,
L. HACHETTE ET Cie, 77, Boulevard St-Germain.

CHALON-SUR-SAONE,
MULCEY, Libraire - Éditeur.

1863.

UNE

PAIRE DE BAS BLEUS

OPÉRA-COMIQUE EN UN ACTE.

NOTA. La musique (chant et piano) est de l'auteur des paroles.

CHALON-S-S., IMP. DE J. DEJUSSIEU.

SPECTACLE EN FAMILLE.

PREMIÈRE SÉRIE.

LES MARIAGES MANQUÉS.

UNE

PAIRE DE BAS BLEUS

OPÉRA-COMIQUE EN UN ACTE.

Par G. MILLOT.

TROISIÈME LIVRAISON.

PARIS,
L. HACHETTE ET Cie, 77, Boulevard St-Germain.
CHALON-SUR-SAONE,
MULCEY, Libraire-Éditeur.

1863.

PERSONNAGES.

M. de BONALOI.

DÉSIRÉ LEFRANC.

OLYMPIA GRANSAC, dixième Muse.

HERSILIE GRANSAC, savante.

Mme GRANSAC, leur mère.

LOUISE, leur cousine.

UN DOMESTIQUE.

La scène se passe chez Mad. veuve Gransac, à la campagne.

UNE

PAIRE DE BAS BLEUS

OPÉRA-COMIQUE EN UN ACTE.

Salon de campagne avec porte au fond et portes latérales. — A gauche de la scène, un piano ; sur le devant, deux tables couvertes de tapis.

SCÈNE I.

OLYMPIA, HERSILIE.

(*Elles sont assises chacune à une table et écrivent activement. Hersilie est environnée de vieux volumes in-folio ; Olympia n'a devant elle qu'un cahier de papier, un encrier et un petit dictionnaire des rimes. On voit sur la table d'Hersilie un moule à biscuit de Savoie.*)

OLYMPIA, *cessant d'écrire et déposant sa plume.*

Ouf ! voilà mon soixantième achevé.

HERSILIE, *tout en écrivant.*

Soixantième quoi ?

OLYMPIA.

Soixantième sonnet.

HERSILIE, *de même.*

Vaut-il un long poème ?

OLYMPIA.

Comme ses aînés ; c'est mon avis... et ce sera le tien. Je vais te le lire.

HERSILIE.

Chut ! chut ! un peu de patience. Laisse-moi tracer les dernières lignes de mon Mémoire. Passe-moi ton *atramentarium*.

OLYMPIA.

Qu'appelles-tu ainsi ?

HERSILIE.

Ton encrier. J'ai épuisé le mien.

OLYMPIA, *se levant.*

En vingt-quatre heures! Tu mettrais à sec la Mer Noire. Tiens. (*Elle pose son encrier sur la table d'Hersilie.*)

HERSILIE.

Merci!

OLYMPIA, *à part, en la regardant.*

Pauvre fille! comme elle perd son temps!.. Elle est à moitié folle... Qui la croirait ma sœur jumelle? Elle m'est si inférieure!... J'ai du génie, moi... je m'en donne des preuves chaque jour. Voici celle d'aujourd'hui: mon soixantième sonnet! Il est superbe; le trait final principalement est d'une sublimité, d'une profondeur!...

HERSILIE, *cessant d'écrire.*

J'ai fini... et je te prête l'oreille. Voyons ce sonnet.

OLYMPIA, *lisant.*

CRÉPUSCULE.

Voici, voici le soir; l'ombre envahit l'espace,
Les cieux de leur coupole ont rembruni l'azur;
L'angelus a tinté, glas du jour qui trépasse,
L'antique marronnier devient un dôme obscur.

La brise, en dispersant la senteur du foin mûr,
Lutine le buisson, qui babille à voix basse;
Parmi les nénuphars la grenouille coasse,
Et la chauve-souris s'envole du vieux mur.

Comme elle vagabonde et funèbre comme elle,
Mon âme dans le vide agite aussi son aile,
Et, sous mes cheveux d'or, abandonnés aux vents,

Mon front pâle est empreint de rêveuse tristesse;
Car la fuite des jours fait songer ma jeunesse
Aux vieux, jeunes jadis, aux morts, jadis vivants.

HERSILIE, *froidement.*

Eh bien... qu'est-ce que cela prouve?

OLYMPIA, *blessée.*

Cela prouve... cela prouve... que je suis poète.

HERSILIE.

C'est prouvé depuis longtemps... et surabondamment.

OLYMPIA.

Ah ça... qu'est-ce que tu as? Que veut dire cet accueil glacial fait à mes créations? Tu ne le trouves pas beau, mon sonnet?

HERSILIE, *avec effort.*

Oh! si fait... très-joli... Il est vrai que je n'y connais rien.

OLYMPIA, *avec dépit.*

Eh bien, moi, je m'y connais, et je le trouve adorable. Et je dis qu'il sera merveilleusement placé dans mon recueil intitulé *Gouaches et pastels.*

HERSILIE.

Oui, il y sera en compagnie digne de lui. Le classeras-tu dans les pastels ou dans les gouaches?

OLYMPIA, *sèchement.*

C'est une gouache.

HERSILIE, *avec dérision.*

Un sonnet qui est une gouache !

OLYMPIA.

Un encrier est bien un *atramentarium.*

HERSILIE, *à part, en haussant les épaules.*

Asina !... comme elle perd son temps ! Elle n'a pas la tête saine. Qui la croirait ma sœur jumelle? Je lui suis si supérieure ! J'ai du génie, moi... je m'en donne des preuves chaque jour. (*Montrant son cahier.*) Et en voici une éclatante : mon Mémoire est éblouissant : les citations grecques et latines y étincellent de toutes parts, comme les gouttes de rosée dans les broussailles. (*Haut.*) Moi, je viens de faire du sérieux, de l'utile... une étude archéologique.

OLYMPIA.

Sur quel objet ?

HERSILIE, *montrant du doigt le moule à biscuit de Savoie.*

Sur celui-ci.

OLYMPIA.

Comment! ce moule à biscuit de Savoie!

HERSILIE.

Je te réitère... que c'est un casque.

OLYMPIA.

Quoi! tu t'obstines dans cette méprise? Te voilà le pendant de Don Quichotte, qui prit pour casque aussi un plat à barbe. Tu te compromets. Vraiment je suis désolée de te voir ce casque en tête.

HERSILIE.

Et moi désespérée de ne te l'y pas voir. Heureusement, je vais te désabuser, en te lisant des passages de mon travail. Écoute. (*Elle lit.*) — « A M. le Président de la

» Société paléophile de Porentruy. Monsieur, j'ai une immense nouvelle à vous donner. Le nommé Tricaudet, maçon, mais intelligent, vient d'exhumer du sous-sol d'une cave et de me céder, au prix modique de quarante francs, une chose d'une rareté et d'une curiosité inouïes. Quelle est cette chose? A cette question on fait ici deux réponses différentes. Les ignorants veulent que ce monument soit une simple *artopta* ou moule à pâtisserie. Les savants voient en lui un casque. C'est ce qu'il est en effet; j'ai, pour en être convaincue, bien des motifs, dont le moins solide est qu'il s'adapte merveilleusement, comme coiffure, à la tête de notre jardinier, contraint par moi d'en faire l'essai. Ce casque est en airain...

OLYMPIA.

En rosette.

HERSILIE.

» En airain, couvert çà et là d'une pa-
» tine admirable... »

OLYMPIA.

Qu'est-ce que *patine ?*

HERSILIE.

Du vert-de-gris. — « Mais c'est surtout » sa configuration qui le rend intéressant : » *materiam superat opus*. Sa forme générale » rappelle celle d'une mosquée ; son système » d'ornementation consiste en cannelures » verticales et en demi-bosses, distribuées » symétriquement avec une précision géo- » métrique et un goût exquis... » — Ici je me livre, sur le *korus koruthos* grec, sur le *cassis* et le *galea* romains, à une très-longue dissertation, dont le dernier mot est que le casque déterré par Tricaudet n'est ni romain ni grec. Puis, je continue.

Elle lit. — « Reste à déterminer la nationalité du porteur primitif de cette » coiffure guerrière. La forme de mosquée » porte d'abord à supposer que ce fut un » des Agarrasins ou Sarrasins écrasés à » Poitiers par Charles Martel. Mais la parfaite conservation du casque Tricaudet » rend peu probable sa présence à cet écrasement ; d'ailleurs j'habite à deux cents lieues de Poitiers. Ainsi je repousse cette » hypothèse, et je conjecture plus rationnellement que l'individu en question était » un Hun... »

OLYMPIA.

Un quoi ?

HERSILIE.

Un Hun, un soldat d'Attila. (*Reprenant sa lecture.*) — « En effet, la forme de ce » casque en dit l'origine orientale ; et, de » plus, une devise en latin, gravée sur un

» de ses flancs, respire l'esprit envahisseur » des sauvages guerriers du Fléau de Dieu. » Cette devise est ainsi conçue : *Dolé Jura*, » c'est-à-dire en français : *Plaignez les* » *droits* (sous-entendu : car je les foule » aux pieds). »

OLYMPIA.

Montre-moi donc cette incription.

HERSILIE, *prenant le moule et lui en désignant une partie avec l'index.*

Tiens. . ici...

OLYMPIA, *après avoir regardé attentivement.*

Ah ça... tu ne sais pas lire... Comment prononces-tu cela ?

HERSILIE.

Dolé Jura, c'est-à-dire en français...

OLYMPIA.

Mais pas du tout ! mais c'est absurde ! Il

y a tout bonnement *Dole*, *Jura*, le département du *Jura* et la ville de *Dole*, lieu de fabrication de cet ustensile.

HERSILIE, *remettant avec indignation son mémoire et le moule sur la table.*

N'en parlons plus .. Ta cécité d'esprit est incurable.

OLYMPIA.

Soit : ne raisonnons plus ensemble ; nous ne pouvons nous entendre. Nous sommes, quoique sœurs, deux espèces toutes contraires. Il y a entre toi et moi la même différence qu'entre le marais et le fleuve.

HERSILIE.

Voyez comme on est incomprise... Hélas! qu'est-ce que l'archéologue? rien. Et que doit-il être? tout.

OLYMPIA.

Oh! moi, je suis moins modeste. Qu'est-ce que le poète? tout. Que doit-il être? plus encore.

HERSILIE.

Égoïste!

OLYMPIA.

Je ne suis pas égoïste, je suis poète. Écoute et apprends à me connaître.

DUO.

OLYMPIA.

Je vis de poésie,
De divine ambroisie.

HERSILIE.

Ma sœur, ton embonpoint
Te dément sur ce point.

OLYMPIA.

Dans un constant délire,
A l'idéal j'aspire.

HERSILIE.

Idéal, en effet:
C'est un mari parfait.

OLYMPIA.

Jours et nuits n'ont pas d'heure
Où je ne rêve et pleure.

HERSILIE.

Exercice abusif
Du beau droit d'être oisif.

ENSEMBLE.

OLYMPIA.

Et de dédain j'inonde
Les bourgeois révoltants,
Dont la sottise fronde
Cet emploi de mon temps.

HERSILIE.

Ma douleur est profonde
De te voir, à trente ans,
Inutile en ce monde,
Ainsi perdre le temps.

HERSILIE.

Mon amour fraternel m'oblige à te le dire:
D'être enfant, ô ma sœur, l'âge est passé pour toi;

Mets ta muse à la porte et jette au feu ta lyre,
Sois grave, sois sensée... enfin ressemble-moi
Moi, je prêche et pratique
Le culte de l'antique.

OLYMPIA.

Ta mise, sur ce point,
Ne te contredit point.

HERSILIE.

J'aime les vieilles choses
Plus que perles et roses.

OLYMPIA.

Ton idéal, à toi,
Est un fripier, je croi.

HERSILIE.

Je recherche la rouille,
Dans les cendres je fouille.

OLYMPIA.

Travaux fort élégants
Ils exigent des gants.

ENSEMBLE.

HERSILIE.

Et de dédain j'inonde
Les sots incompétents
Dont l'ignorance fronde
Cet emploi de mon temps.

OLYMPIA.

Ma douleur est profonde
De te voir, à trente ans,
Inutile en ce monde,
Ainsi perdre le temps.

OLYMPIA.

Des dieux que nous servons connais la différence:
Le tien à mes dépens te dit de ricaner,
Et le mien, assez fort pour user de clémence,
M'ordonne de te plaindre et de te pardonner.

HERSILIE.

Me plaindre! qu'est-ce à dire?
(*Riant*).
Ah! ah! ah! ah! c'est à pouffer de rire..

Ce ton protecteur sied fort mal
A certaines Muses modernes
Qui, dans un langage anormal,
Ne chantent que des balivernes.

OLYMPIA.

Ces Muses-là de leur mépris
Couvrent tes trop savants écrits :
Tu les extrais, tu les exprimes
D'un tas de gros livres anciens.
(Elle montre les in-f°.)

HERSILIE, *montrant le petit dictionnaire.*

Un dictionnaire des rimes
Te suffit pour créer les tiens.

OLYMPIA.

Mademoiselle, j'ai du style,
Agrément que vous n'avez pas.

HERSILIE.

Parce que je ne fais nul cas
De cet accessoire futile.

OLYMPIA.

Oui, du style comme des vers;
Je sais ce qui vous en dégoûte :
Vous trouvez ces raisins trop verts
Et bons pour des goujats...

HERSILIE.

Sans doute.

ENSEMBLE.

Ah ! je rabattrai
Votre orgueil outré.
Petite pécore !
Vous saurez qu'il faut
Décrier moins haut
Ce que l'on ignore.
L'envie, à coup sûr,
Vous fait mordre sur
Les dieux que j'honore...
Efforts vains et peu prudents !
Serpent des plus mordants,
Vous y perdrez vos dents.

OLYMPIA.

A votre grand ennui, j'aurai plus d'une palme.

HERSILIE.

Je ne l'envie en rien,
Les châles en ont bien.
Moi, le laurier ceindra mon front sévère et calme

OLYMPIA.

Le laurier a du bon,
On en met au jambon.

HERSILIE.

Inconvenante!

OLYMPIA.

Impertinente!
En ïambiques vers
Je peindrai vos travers.

HERSILIE.

Un mien mémoire
Rendra notoire
Qu'Alecto, trait pour trait,
A dans vous son portrait.

OLYMPIA.

Prends bien garde ! il en cuit, lorsqu'à bout l'on
[me pousse.

HERSILIE.

Tremble de me réduire à cesser d'être douce.

(Reprise de l'ensemble: Ah! je rabattrai, etc.)

SCÈNE II.

LES PRÉCÉDENTES, Mme GRANSAC.

Mme GRANSAC, *entrant vivement par une des portes latérales.*

Qu'est-ce que ces clameurs... et ces fureurs ? Quelle scène faites-vous ?... Encore une dispute, selon votre usage quotidien !

OLYMPIA.

Maman, Mademoiselle outrage les Muses.

Mme GRANSAC, *avec épouvante.*

Oh !!!...

HERSILIE.

Maman, Mademoiselle profane la science.

Mme GRANSAC, *de même.*

Oh !!! — Vous êtes deux sacriléges... deux Euménides... Vous vous querellez sans cesse; c'est scandaleux... c'est même inexplicable ; sœurs par le génie comme par le sang, une sympathie si vive devrait vous lier ! — Allons ! qu'on s'apaise, qu'on rentre en soi-même et qu'on se pardonne. Soyons calmes, dignes et recueillies : car ce jour-ci est solennel pour vous et moi.

HERSILIE.

Solennel ?

Mme GRANSAC

Je crois bien ! c'est aujourd'hui que M. Désiré Lefranc va définitivement choisir pour femme l'une de vous deux.

OLYMPIA.

C'est donc aujourd'hui le premier mai ?

Mme GRANSAC.

De l'an de grâce mil huit cent soixante. Jour doublement heureux pour ce même Désiré !... Oh ! je sais par cœur le testament de feu son oncle Jacques Dupré : — Je lègue, dit-il, la totalité de ma fortune » à mon unique neveu, Désiré Lefranc, » mais à la condition expresse qu'il épousera l'une des deux filles de Mme veuve Gransac. Son choix entre elles devra avoir eu lieu en 1860, et, au plus tard, le 1er mai, » jour de Saint-Jacques, mon patron. Faute d'avoir opté à cette époque, mon dit neveu serait déchu de tout droit à ma » succession, et les dites deux demoiselles Gransac lui seraient substituées comme » héritières, par portions égales, de tous » mes biens, valant deux millions de francs. » J'institue pour exécuteur de ces miennes » dernières volontés M. Agathange de » Bonaloi, mon plus fidèle ami. Fait à Lima, au Pérou, le 2 septembre 1859. »

OLYMPIA.

Eh bien! moi, je suis toute prête.

HERSILIE.

Moi aussi.

Mme GRANSAC.

Vous n'êtes prêtes ni l'une ni l'autre : vous êtes encore en négligé à deux heures de l'après-midi ; vos doigts sont souillés d'encre, comme toujours. Ce n'est pas dans cette tenue qu'on aspire au mariage. Ah! vous ne tenez pas de moi : quels frais de toilette je fis pour subjuguer défunt Gransac, votre papa, quand je voulus l'épouser! Allez vous habiller, vous embellir. Qu'une noble émulation vous fasse imaginer des raffinements de parure ; il faut que notre futur soit fasciné. Vous ne vous êtes pas encore montrées à lui dans votre *beau*. C'est même une des trop nombreuses marques de votre indifférence, de votre froideur envers lui.

OLYMPIA.

Je ne suis pas froide.

HERSILIE.

Ni moi ; tant s'en faut !

Mme GRANSAC.

Vous êtes de glace à son égard : s'il ne le sent pas, il a une violente dose de fatuité... Peut-être vous déplaît-il fort... peut-être lui préférez-vous tel ou tel autre. Alors dites-le ; je ne veux pas vous forcer à le prendre. Les quinze mille livres de rentes que j'ai me dispensent de sacrifier mes filles pour des millions.

COUPLETS.

I

Mme GRANSAC.

O ma savante, ô ma poète !
J'ai foi, malgré tout,
En votre bon goût ;

J'admettrai, sans être inquiète,
    Ceux qui vous plairont,
    Car ils vous vaudront.
En bonheur je tiens à vous rendre
La gloire dont vous me couvrez;
L'homme en qui le sort m'offre un gendre
Me conviendra quand vous voudrez...

Mais mes vœux, enfants, sont les vôtres,
Et, s'il a votre aversion,
Nonobstant son double million,
Je vais lui dire : Aimez-en d'autres.

II

OLYMPIA.

Je le trouve anti-poétique :
    Il est bien portant,
    A le cœur content;
Il voit sans transport extatique
    Étoiles et fleurs,
    Rayons et couleurs.
Pour la grande littérature
Ses yeux d'un bandeau sont couverts;

En voici la preuve trop sûre :
Il ne comprend rien à mes vers.

Mais vos vœux, maman, sont les nôtres,
Et, s'il a votre affection,
Attendu son double million,
Je le préfère à beaucoup d'autres.

III

HERSILIE.

Son instruction est vulgaire :
Rien de ce qu'il dit
Ne sent l'érudit;
En fait d'histoire, il ne sait guère
Que les faits connus
Et pour vrais tenus.
L'amour sacré de la science
Ne peut même en lui s'éveiller;
J'en ai la triste expérience,
Car mes écrits le font bâiller.

Mais vos vœux, maman, sont les nôtres,
Et, s'il a votre affection,
Attendu son double million,
Je le préfère à beaucoup d'autres.

Mme GRANSAC.

A la bonne heure ! La poésie et la science ne vous ôtent pas le jugement, à vous. Aussi j'espère que celle de vous pour laquelle il n'optera pas se consolera de cet échec, et verra sans rancune le triomphe de sa sœur.

OLYMPIA.

Je le jure.

HERSILIE.

Je le jure.

OLYMPIA, *à part.*

Je n'ai aucune anxiété : c'est moi, évidemment, qui serai choisie.

HERSILIE, *à part.*

Je n'ai aucune inquiétude : c'est moi, indubitablement, qui aurai la préférence.

Mme GRANSAC.

Allons, Olympia ! allons, Hersilie ! encore

une fois, courez vous préparer... vous parer, veux-je dire.

HERSILIE, *bâillant et allongeant ses bras.*

A quoi bon nous parer? Nous avons pour attraits bien suffisants les deux millions que lui fera gagner son mariage avec moi... ou avec Olympia.

Mme GRANSAC.

Sans doute. Mais, comme il n'épousera que celle de vous qui lui plaira le plus, vous devez chacune vous efforcer de lui plaire supérieurement. Donc ornez-vous à qui mieux mieux, rivalisez de charmes empruntés... et hâtez-vous.

OLYMPIA.

Chose singulière! j'ai rêvé, l'avant-dernière nuit, que M. Désiré ne voulait pas de moi... ni d'Hersilie.

HERSILIE.

Parle pour toi.

Mme GRANSAC.

Rêve de poète! songe creux!

OLYMPIA.

Je n'aime pas la liaison de M. Lefranc avec notre nouveau voisin.

Mme GRANSAC.

Qui? M. de Bonaloi? ce riche colon, revenu d'Amérique il y a six mois?... Cette liaison est très-naturelle, ce M. de Bonaloi ayant été l'intime ami de l'oncle Jacques Dupré.

HERSILIE.

C'est lui qui nous a apporté le testament.

Mme GRANSAC, *à Olympia.*

D'où vient ton aversion pour M. de Bonaloi?

OLYMPIA.

Je me défie de lui instinctivement; je le soupçonne d'influencer M. Lefranc à notre préjudice.

Mme GRANSAC.

Quelle injustice ! Partout il fait de ta sœur et de toi un éloge que moi-même je trouve parfois un peu... démesuré. Tu n'es qu'une visionnaire. D'ailleurs, en admettant que ton mauvais rêve se réalise, vous auriez l'une et l'autre une belle fiche de consolation : chacune un million !

OLYMPIA, *à part.*

Oui, mais je n'en aurais qu'un ; je n'entends pas cela.

HERSILIE, *à part.*

Rien qu'un million ! je les veux tous deux.

UN DOMESTIQUE, *à la porte du fond.*

M. de Bonaloi et M. Lefranc demandent à entrer.

Mme GRANSAC.

Là ! je le prévoyais bien : nous voilà prises au dépourvu !... Vite à votre toilette !..

Vous comparaîtrez tour-à-tour devant notre prétendu. Il est superflu de vous dire que, dans cette entrevue décisive, vous devrez prodiguer tous les trésors de votre haute intelligence, tous les plus beaux diamants de votre génie. Sortez, sortez ! je vous suis, pour vous aider. (*Au domestique.*) Faites entrer ces Messieurs ici, et priez-les de m'attendre.

(*Les dames Gransac sortent par une porte de côté, et le domestique par celle du fond.*)

SCÈNE III.

DÉSIRÉ, M. DE BONALOI, *avec de grandes besicles vertes.*

DÉSIRÉ.

Ah ! M. de Bonaloi, je suis le plus malheureux des hommes.

BONALOI.

Prouvez-moi cela.

DÉSIRÉ.

Mon oncle m'a légué deux millions de francs...

BONALOI.

Malheur très-envié!

DÉSIRÉ.

Mais à quelle condition!

BONALOI.

A la condition d'épouser l'une des demoiselles Gransac, Mlle Olympia ou sa sœur Hersilie, au choix.

DÉSIRÉ.

Et voilà le mal.

BONALOI.

Au contraire, voilà le bien; les sœurs Gransac sont des femmes remarquables.

DÉSIRÉ.

C'est-à-dire singulières, étranges, hétéroclites.

BONALOI.

Deux fort jolies personnes.

DÉSIRÉ.

D'accord ; mais leurs manières et leur esprit les défigurent.

BONALOI, *à part.*

Taquinons-le. (*Haut.*) Mlle Olympia est la poésie incarnée.

DÉSIRÉ.

En quoi donc, s'il vous plaît ?

BONALOI.

En ce qu'elle fait beaucoup de vers, pas autre chose.

DÉSIRÉ.

La belle raison ! elle fait des vers !... et de beaux ! et de bons !... Ses sonnets, ses ballades, ses lais, ses virelais, ses rondeaux ne remédient pas à la vulgarité de son caractère. Elle fait des vers ; mais au fond, mais en fait, elle a des goûts communs, des instincts prosaïques. Elle prend des regards et des poses d'inspirée ; mais il manque à son âme l'essence même de la poésie, j'entends la sensibilité et l'intelligence du beau. En un mot, c'est une sotte à prétentions versifiantes... Je ne connais que trop de poëtes de cette école.

BONALOI, *à part.*

Irritons-le. (*Haut.*) Alors vous préférez Mlle Hersilie?

DÉSIRÉ.

Ah! cette pédante? c'est encore pis. Pour faire figure dans le monde, celle-là s'applique un autre masque : le masque antique. Affreuse grimace!

BONALOI.

Grâce, grâce pour Hersilie! respectez-la : elle sait le latin.

DÉSIRÉ.

Beau talent de société... et de ménage !

BONALOI, *insistant*.

Elle sait le latin.

DÉSIRÉ.

Oui, suffisamment pour ne pas appeler les choses par leurs noms français. Toute sa latinité se réduit à une trentaine de mots à l'usage spécial des antiquaires, plus, un nombre égal de proverbes à la portée de tout le monde : *Labor improbus omnia vincit*. . *Ne quid nimis*... *Nec pluribus impar*... *Alea jacta est*, etc., etc.

BONALOI, *à part*.

Dépitons-le. (*Haut.*) Vous ne nierez du moins pas la profondeur de sa science en fait d'histoire.

DÉSIRÉ.

Un tas d'anecdotes saugrenues et des

détails puérils sur les coutumes domestiques des Grecs et des Romains, voilà ce qu'elle sait. Quant à l'histoire proprement dite, elle en ignore les premiers éléments.

BONALOI, *à part.*

Exaspérons-le. (*Haut.*) Allons donc! ce qu'elle écrit atteste une érudition rare.

DÉSIRÉ.

Ce qu'elle écrit n'est qu'un tissu de pièces et de morceaux dérobés à ces bouquins-ci. (*Il désigne les in-f°.*) C'est une sotte comme sa sœur, avec des prétentions pédantesques, qui rendent sa personne ridicule et sa conversation insupportable.

BONALOI.

Eh bien! je vous vois dans de très-jolies dispositions à épouser l'une ou l'autre de ces demoiselles.

DÉSIRÉ.

Leurs dispositions envers moi ne sont

guères meilleures : ces demoiselles me méprisent.

BONALOI.

Oh ! quelle idée !... J'avoue que, distraites par les hautes préoccupations de leur génie, elles ne vous accordent pas une attention... soutenue ; mais, au fond, elles doivent faire grand cas de votre personne.

DÉSIRÉ.

J'y vois clair ; elles me regardent comme infiniment au-dessous d'elles.

BONALOI.

Mais non, mais non ! car vous n'êtes pas à dédaigner... surtout avec l'honnête aisance que vous avez en perspective.

DÉSIRÉ.

En tous cas, elles me traitent sans gêne, chacune d'elles étant bien persuadée que le désir de devenir millionnaire me forcera inévitablement à l'épouser. Elles voient en moi une proie certaine... Ah ! parfois il me prend envie de leur échapper.

BONALOI.

Par quelle issue ?

DÉSIRÉ.

En déclarant que je ne veux ni de l'une ni de l'autre.

BONALOI, *d'un air scandalisé.*

Holà ! holà !

DÉSIRÉ.

Rassurez-vous ; je résisterai à cette envie, par respect pour les volontés du frère de ma mère, et pour ne pas livrer à des mains étrangères tous les fruits de son travail.

BONALOI.

Et aussi par simple bon sens. Vous concevez que vous seriez honni, conspué, déshonoré, s'il vous arrivait de sacrifier une position brillante à votre antipathie mal raisonnée pour deux personnes belles et honnêtes. Vous feriez là plus qu'un coup de tête : ce serait un trait de pusillanimité, et vous en rougiriez bientôt. J'admets que les sœurs Gransac aient, comme vous et moi, leurs travers, et que ces travers soient, chez l'une, son goût pour les rimes, chez l'autre son amour de l'in-folio ; ils sont du moins, vous l'avouerez, bien innocents, bien inoffensifs.

DÉSIRÉ.

Je sais tout cela, je me le suis dit mille fois, et je deviendrai conséquemment le mari d'une Gransac. Et pourtant il est dur...

BONALOI.

De ne pas épouser celle qu'on aime, n'est-ce pas ?... Allez, mon expérience devine vos secrets : votre aversion pour Hersilie et Olympia est envenimée, sinon causée, par votre passion pour une autre.

DÉSIRÉ.

Eh bien, Monsieur... c'est vrai.

BONALOI.

Parbleu !... Et cette autre, bien entendu, est un prodigieux assemblage de toutes les perfections.

DÉSIRÉ.

Eh bien, Monsieur... c'est encore vrai.

AIR.

Une beauté céleste
Est son moindre trésor :
Elle est douce et modeste,
Charme plus rare encor.
Belle sans le savoir et pauvre sans envie,
Elle unit la candeur aux grâces de l'esprit...
Ah ! combien son amour ferait chérir la vie
A l'époux que le ciel permettrait qu'elle prît !...
Pensée inopportune,
Cesse de m'enflammer...
Le soin de ma fortune
Me défend de l'aimer.

Allons, allons, pas de faiblesse!
Contraignons-nous... le monde est si moqueur!
Si j'osais au bonheur immoler la richesse,
L'insensé, dirait-on, est dupe de son cœur.

Ah! pour me consoler, dénombrons les prodiges
Que pour moi, demain,
Plutus fera d'un tour de main.
Aux yeux de tous les sots j'aurai de grands pres-
J'aurai des flatteurs, [tiges.
Des détracteurs, des exploiteurs.
Chez moi s'entasseront les cartes de visites,
Même les jaloux
Viendront me faire les yeux doux:
J'entendrai, si j'y tiens, chez moi des parasites,
En se nourrissant,
Vanter mon esprit, même absent...
Hé mais! je réfléchis.. c'est vraiment bien dommage
Qu'au joug de l'hymen
Je doive être voué demain;
J'y perdrai le bonheur de voir me rendre hommage
Ceux qui, sur les bras,
Ont leurs filles pour embarras...
— Mais le gouvernement de notre belle France,
Si je le veux bien,

Me grandira, pour son maintien.
Je deviendrai d'abord, sous sa haute influence,
Un membre féal
Du conseil départemental.
De là, par ses efforts, j'obtiendrai, sans nul doute,
L'honneur disputé
D'être un jour élu député.
En resterai-je là ? le premier pas seul coûte...
En tous cas, je crois
Avoir lieu d'espérer la croix...

A de telles splendeurs on ne peut, sans folie,
Préférer l'amour,
Qui ne dure, dit-on, qu'un jour ;
Tant de gloire, à coup sûr, vaut que l'hymen vous lie,
Par un très-long bail,
Même avec un épouvantail.

BONALOI.

Je ne sais si vous tracez de bonne foi ce tableau de vos félicités prochaines ; mais il n'a rien de chargé : vous serez un des puissants de la terre. Réduit aux seuls dix mille francs de rente que vous possédez actuellement, vous seriez au contraire un assez pauvre diable, étant marié avec une femme sans dot.

DÉSIRÉ.

Pourquoi, Monsieur? nous pourrions vivre.

BONALOI.

Oui, dans un coin obscur et solitaire, en vous privant de toutes les jouissances mondaines, en vous résignant à n'avoir ni rang ni relations.

DÉSIRÉ.

Ce serait un petit malheur.

BONALOI.

Pour vous, qui êtes philosophe; mais votre femme se lasserait vite de cette existence calme et cachée.

DÉSIRÉ.

Hélas!... Ma vie naguère était si douce! combien ces deux millions me la gâtent!

BONALOI.

Je gage qu'au fond du cœur vous maudissez la mémoire de votre oncle.

DÉSIRÉ.

Dieu m'en préserve ! Je n'ai jamais eu le bonheur de le voir ; mais son testament même, tout en me créant une situation odieuse, me le fait aimer et estimer. Il a voulu faire d'un même coup plusieurs heureux : les dames Gransac et moi ; cette intention est un trait de générosité bien rare.

BONALOI.

D'autant plus rare que Jacques Dupré avait à se plaindre de Mme Gransac, à tel point que moi, à sa place, loin d'enrichir ses filles, j'eusse peut-être eu l'idée de lui jouer un tour désagréable.

DÉSIRÉ, *surpris*.

Ah bah !... expliquez-vous.

BONALOI.

Il y a quelque trente ans, votre oncle, avant son exil volontaire, eut le tort d'aimer éperduement une demoiselle... qui est maintenant cette même Mme Gransac.

DÉSIRÉ.

Mme Gransac!

BONALOI.

Elle-même... Et, par cupidité, elle le repoussa assez durement, pour épouser défunt Gransac, un sot et un mauvais sujet.

DÉSIRÉ.

Grand Dieu!... je ne comprends pas alors ce testament.

BONALOI.

Ce testament prouve que, malgré le temps et la distance, Jacques Dupré garda toute sa vie un tendre souvenir de celle qu'il avait aimée. Je sais que toute la famille Gransac l'intéressa toujours vivement ; un de ses correspondants en France lui en donnait régulièrement des nouvelles : ce fut par lui que Dupré connut le mérite poétique et scientifique de Mesdemoiselles Gransac, et de là sans doute la bienveillance de ses dispositions testamentaires envers elles. Je dis envers elles, mais c'est votre bonheur surtout que ces dispositions avaient pour but : il voulait le rendre aussi complet que possible en vous donnant à la fois une grande fortune et une femme d'élite, la richesse et la gloire..... Chut ! quelqu'un vient. (*Louise paraît à la porte du fond.*) Ah ! c'est celle que vous adorez.

DÉSIRÉ.

Oui... Comment le savez-vous ?

BONALOI.

Par le portrait que vous avez fait d'elle tout-à-l'heure.

SCÈNE IV.

LES PRÉCÉDENTS, LOUISE.

BONALOI.

Bonjour, Mlle Louise.

DÉSIRÉ, *saluant.*

Mademoiselle, j'ai l'honneur.....

LOUISE, *saluant.*

Messieurs..... Ma tante Gransac m'envoie vous prier de lui pardonner son retard à venir vous rejoindre. Une affaire importante la retient pour quelques minutes encore.

DÉSIRÉ.

Nous attendrons Mme Gransac très-patiemment, tant que vous serez ici, Mademoiselle.

BONALOI.

Mesdemoiselles vos cousines prennent part sans doute avec Madame leur mère à cette affaire si importante ?

LOUISE

Oui, Monsieur; autrement elles seraient auprès de vous.

DÉSIRÉ.

Votre présence nous dédommage.

LOUISE.

Je ne le crois pas, Monsieur: mes cousines sont si bien!

DÉSIRÉ.

Vous trouvez?... Vous les aimez donc... à la folie?

LOUISE.

Je les admire, Monsieur.

DÉSIRÉ.

Parce que?...

LOUISE.

Hersilie a tant d'instruction et Olympia fait de si beaux vers!

BONALOI.

Vous n'en êtes pas un peu jalouse?

LOUISE.

Je n'envie à mes cousines que leur bonheur.

DÉSIRÉ, *vivement.*

Quel bonheur?

LOUISE.

Elles ont leur mère.

BONALOI.

Et vous êtes orpheline, seule au monde depuis dix-huit mois.

LOUISE.

Non, Monsieur, j'ai ma tante.

DÉSIRÉ.

Ah! ce n'est pas la même chose.

LOUISE.

Pas tout-à-fait... N'importe ! ma tante est bonne pour moi ; elle m'a recueillie, elle prend soin de moi, elle administre ma fortune.

BONALOI, *à Désiré.*

Sa fortune, c'est quinze cents francs de rente. (*A Louise.*) Oui, vous avez retrouvé une famille : votre tante remplace votre mère, vos cousines sont pour vous des sœurs.

LOUISE.

Des protectrices, Monsieur.

DÉSIRÉ, *à Bonaloi.*

Ces demoiselles ne répondent qu'en tournant le dos à ce qu'elle veut bien leur dire.

LOUISE.

Mes cousines ne peuvent pas m'aimer beaucoup; je ne suis pas leur égale, car je ne sais rien.

BONALOI.

Eh mais ! vous avez des talents que je souhaite à ces demoiselles : vous cousez et brodez avec une habileté féerique.

LOUISE.

C'est du métier, cela.

BONALOI.

Pardon, c'est de l'art, et vous y apportez un goût parfait. De plus, vous savez la musique.

LOUISE.

Qui ne la sait pas maintenant ?

BONALOI.

Qui ? vos cousines d'abord.

LOUISE.

Si elles avaient voulu.....

DÉSIRÉ.

Elles ont voulu ; tout le monde *veut*

savoir la musique... mais ceux qui *peuvent* sont rares : un sur quatre.

BONALOI.

C'est ainsi chez Mme Gransac ; nous n'y voyons qu'une musicienne : Mlle Louise... mais elle a du talent pour quatre.

LOUISE.

Ah ! Monsieur, vous vous moquez de moi.

BONALOI.

Je serais bien sot de le faire... n'est-ce pas, cher M. Désiré ?

DÉSIRÉ, *avec chaleur.*

Stupide ; car Mademoiselle a, comme pianiste et comme chanteuse, un remarquable talent.

BONALOI.

Un talent qui vous est sympathique au plus haut degré, je le sais. — Dites-moi,

Mademoiselle Louise, ce beau piano vous appartient? (*Il indique le piano.*)

LOUISE.

Il est à mes cousines, Monsieur.

BONALOI.

Il n'est qu'à vous, par droit d'usage. Voulez-vous nous donner le plaisir de vous entendre exercer ce droit?

LOUISE.

Quel morceau vous plaît-il que je touche?

BONALOI.

Quel morceau?... Attendez... chantez en vous accompagnant; nous jouirons à la fois de votre doigté et de votre voix, notre agrément sera double.

LOUISE, *avec effroi.*

Oh! Monsieur, chanter seule!... je n'ose pas... ma voix tremblerait.

BONALOI.

Eh bien ! si un solo vous gêne, dites-moi, avec l'aide de Monsieur, ce morceau à deux voix dont Mlle Olympia interrompit avant-hier l'exécution, sous prétexte que les vers n'en valent rien.

DÉSIRÉ.

Ah ! oui, ce *nocturne*... Y consentez-vous, Mademoiselle ?

LOUISE.

Très-volontiers, Monsieur, puisque Olympia n'est pas ici.

DÉSIRÉ.

Quand elle y serait, la peur de scandaliser ses poétiques oreilles me gênerait peu, si elle ne vous gênait pas vous-même.

LOUISE, *plaçant un morceau de musique sur le pupitre du piano.*

Voici ce nocturne. (*Elle s'assied devant le clavier et joue un prélude.*)

NOCTURNE

ENSEMBLE.

Tandis qu'au bal une foule splendide
Souffre, en dansant, la chaleur et le bruit,
Sous le ciel pur marchons dans l'herbe humide,
En savourant le calme de la nuit.

LOUISE.

Je vois là-bas, dans l'ombre,
Les fenêtres du bal
Luire aux rayons sans nombre
Des lustres de cristal.

DÉSIRÉ.

Je vois là-haut, sans voiles,
Les cieux briller sur nous
Aux rayons des étoiles,
Plus pâles, mais plus doux.

ENSEMBLE.

Le monde, en son délire,
Jusqu'ici fait reluire

L'éclat d'un vain décor;
Pour oublier le monde
Dans une paix profonde,
Allons plus loin encor.

LOUISE.

Du haut des vieux tilleuls un parfum nous arrive,
Et l'odeur des genêts sur la plaine s'étend.

DÉSIRÉ.

Entre les peupliers qui noircissent la rive,
La lune radieuse illumine l'étang.

ENSEMBLE.

Nuit calme et solennelle,
Mourir est le bonheur,
Si la nuit éternelle
Peut avoir ta douceur.

LOUISE.

Usés par la distance
Qu'ils ont à parcourir,
Les sons d'un air de danse
Ici viennent mourir.

DÉSIRÉ.

La brise fraîche et pure
Vient, pour couvrir ces sons,
Emplir d'un long murmure
Les bois et les buissons.

ENSEMBLE.

Le monde, en son délire,
Jusqu'ici fait bruire
Un orchestre discord;
Pour oublier le monde
Dans une paix profonde,
Allons plus loin encor.

Nuit calme et solennelle,
Mourir est le bonheur,
Si la nuit éternelle
Peut avoir ta douceur.

BONALOI.

Brava! bravo! bravi! vous vous êtes surpassés l'un l'autre, à tour de rôle. Voilà la vraie émulation. — Mademoiselle, si vos deux cousines chantaient comme vous, rien ne leur manquerait.

DÉSIRÉ.

Ah! oui; car, lorsqu'on chante comme Mademoiselle, c'est que l'on n'a pas deux infirmités incurables: le manque d'esprit et la sécheresse du cœur.

(Un domestique ouvre bruyamment et à deux battants la porte du fond devant Hersilie, qui entre costumée comme il suit: 1° La tête ceinte d'un large ruban rouge, avec deux rubans blancs plus étroits et terminés par des franges d'or, flottant le long des joues; les cheveux très-bouclés sur le devant et assemblés par derrière en un chignon traversé horizontalement par une longue broche d'or ou d'argent; 2° robe bleue à manches se terminant aux coudes; par-dessus, une sorte de camisole de mousseline blanche, bordée de rouge, sans

manches, ouverte entièrement du côté droit, fixée sur les épaules au moyen d'agrafes, liée au-dessus des hanches par une ceinture lâche, et formant une foule de plis flottants ; 3° escarpins blancs ou jaunes, très-découverts, rattachés au bas des jambes par des rubans bleus qui s'entrecroisent. — Hersilie a des bracelets et tient un éventail de plumes.)

DÉSIRÉ.

Qu'est-ce que cette mascarade ?

BONALOI.

Hé ! c'est la mère des Gracques.

SCÈNE V.

LES PRÉCÉDENTS, HERSILIE.

HERSILIE, *à Louise d'un ton sec et du bout des lèvres.*

Petite, retirez-vous... et ne revenez que si je vous envoie querir.

DÉSIRÉ.

Permettez : nous n'avons rien à dire que Mademoiselle n'ait le droit d'entendre.

BONALOI.

J'intercède pour Mlle Louise : autorisez-la à demeurer, pour jouir de votre conversation si instructive ; vos discours sont comme une pluie de perles, qui rafraîchit, fertilise et orne la mémoire.

HERSILIE.

Au fait... Petite, restez... mais écoutez. — Maintenant, Messieurs, *Jubeo vos bene valere*, comme on disait à Rome, ce qui signifie : Je vous ordonne d'être bien portants.

BONALOI.

Nous, Mademoiselle, nous vous souhaitons *mentem sanam in corpore sano*, la santé de l'esprit et du corps.

HERSILIE.

Merci de l'augure!... j'ai l'un et l'autre harassés, détraqués. C'est pourquoi..... prenons chacun un *sedile* ou siège. (*Tous s'asseyent.*) Figurez-vous, Messieurs, que, toute la nuit dernière, j'ai fait de la science, depuis la deuxième veille jusqu'au dilucule.

BONALOI.

Vous vous tuez, Mademoiselle, vous vous immolez à la passion d'instruire vos contemporains. C'est trop d'abnégation. Vous vous ménageriez, si je vous disais combien ils vous en savent peu de gré. (*Il regarde Désiré significativement.*)

HERSILIE.

Je le sais; mais j'ai un sacerdoce, je le remplis; advienne que pourra; *alea jacta est*... Et puis le grand congrès scientifique qui doit avoir lieu à Aubenas, m'imposait en devoir : son président ne cessait de me demander un travail.

BONALOI.

Ah ! ah ! Aubenas a un congrès ?..... Et vous y allez ? Votre présence l'embellira.

HERSILIE.

Non ; nous sommes aux kalendes de mai, le congrès est fixé à l'avant-veille des nones ; à cette date, je serai certainement retenue ici par une affaire sérieuse... je n'irai point à Aubenas. Mais mon travail m'y représentera : il y sera lu.

DÉSIRÉ.

Et applaudi, Dieu sait !

HERSILIE.

Je le crois ; c'est un mémoire sur l'état présumable de l'architecture chez les Herniques et chez les Osques. Le sujet, vous le voyez, n'est pas dépourvu d'intérêt.

BONALOI.

Il en est palpitant. Seulement, pour le traiter, vous n'aurez eu à votre disposition que des documents nuls ou vagues.

HERSILIE.

Inde mali labes; c'est ce qui a fait de mon travail le pendant de ceux d'Hercule. Vu cette absence de documents et de monuments, j'ai contraint aux plus rudes efforts mes facultés conjecturantes et ma logique. Mais enfin *labor improbus*... Le manque de documents a du reste son avantage : mes contradicteurs, si j'en ai, n'auront pas à leur service des raisons plus fortes que les miennes. Aussi les attends-je de pied ferme, *nec pluribus impar.*

DÉSIRÉ.

Vous portez, Mademoiselle, un costume bien original.

HERSILIE.

Original... non ; je ne l'ai pas inventé. L'*anadêma* qui ceint mon front est renouvelé des Grecs ; l'antiquité usitait ces bandelettes sous le nom de *Vittæ;* à Rome, on m'eût appelée *Cincinnata*, attendu mes boucles de cheveux, qui sont romaines ; le luxe de Rome païenne revit dans cette *acus comatoria*, qui traverse, comme vous voyez, mon *corymbe* ou chignon. (*A Louise.*) Petite, écoutez bien.

DÉSIRÉ.

Votre camisole m'émerveille.

HERSILIE.

Cette camisole, Monsieur, est une *palla*. Vous l'eussiez sans me surprendre confondue avec un *peplum* ; l'équivoque est possible à première vue. La *palla* et le *peplum* sont toutefois deux vêtements distincts.

DÉSIRÉ.

Et distingués.

HERSILIE.

J'aurais pu endosser, par dessus ma tunique ionienne, soit une *chlamyde*, soit un *pallium*: la température m'en a dissuadée. *Ne quid nimis.*

DÉSIRÉ.

Votre chasse-mouches est plus de saison.

HERSILIE.

Quel chasse-mouches? (*Regardant son éventail de plumes.*) Ah! ceci? c'est un *flabellum*. Il devrait être en plumes de paon ou en feuilles de lotus; pardonnez-moi de ne le pas avoir tel: le lotus ne croît qu'en Égypte, et l'oiseau de Junon manque chez nous.

BONALOI.

Je ne croyais pas.

HERSILIE.

Je pouvais mettre aussi un voile que

l'on nomme *calyptra*, mais il m'eût caché tout le visage : j'ai renoncé à la *calyptra*, pour épargner à ces Messieurs une privation.

BONALOI.

Nous vous en rendons cent mille grâces.

HERSILIE.

Quand je serai mariée, vous me verrez en matrone : je me vêtirai alors d'une *stola*, avec son *instita*, appendice postérieur tombant sur les talons.

BONALOI.

Ce sera coquet.

HERSILIE, *montrant sa chaussure.*

Que vous semble de mes *Crépides ?*

BONALOI.

Qu'elles sont plus merveilleuses que les pantoufles de Cendrillon et les bottes de sept lieues. — (*A Désiré.*) C'est un abîme de science, un puits d'érudition sans fond... Ah! Mademoiselle, êtes-vous heureuse d'avoir tant de connaissances utiles!

HERSILIE.

Ce n'est rien; j'ai de longues études à faire, un champ immense à défricher.

BONALOI.

Défrichez, défrichez! Nous y gagnerons des fruits bien savoureux, et vous la gloire.

DÉSIRÉ.

Mademoiselle la possède déjà.

HERSILIE.

Chez moi, ici; mais qu'est-ce qu'une gloire locale?

BONALOI.

J'espère la voir s'universaliser.

HERSILIE.

Moi, j'en suis sûre... Je vais vous dire, entre nous, pourquoi.

DUO.

HERSILIE.

Oui, je suis ignorée encor,
Mais c'est un état transitoire:
Dès que j'aurai des monceaux d'or,
Sans tarder, j'acquerrai la gloire.

DÉSIRÉ.

Mademoiselle, apprenez-moi
Ce que par là vous voulez dire:
Pour vous rendre illustre, je croi
Que votre talent doit suffire.

HERSILIE.

Dieux! êtes-vous naïf!... Ma longue obscurité
Ne fera place enfin pas même au crépuscule,
Si j'ai, pour parvenir à la célébrité,
Mon talent seul pour véhicule.

DÉSIRÉ.

C'est très-possible, j'en conviens...
Mais alors où sont vos moyens?

HERSILIE, *mystérieusement.*

Il est des écrivains que l'on nomme critiques
Et qui, dans des papiers que l'on nomme journaux,
Font subir aux livres nouveaux
Leurs jugements périodiques.

DÉSIRÉ.

Eh bien?

HERSILIE.

Eh bien, riche un jour, je saurai
Obtenir que ces aristarques
De leur bon goût donnent des marques
En prônant ce que j'écrirai.
Entendez-vous?

DÉSIRÉ.

J'entends: moyennant des pistoles,
Vous aurez un encens vénal.
Le moyen n'est pas trop loyal
Et coûtera des sommes folles.

HERSILIE.

Ah dame! j'y mettrai le prix,
Pour que, d'une voix unanime,
Ils disent de tous mes écrits :
« On n'a rien lu d'aussi sublime. »

DÉSIRÉ.

Ce système, encore une fois,
De la délicatesse offense un peu les lois.

HERSILIE.

Que vos scrupules sont étranges!
Il est loyal et de franc jeu :
Car, en me comblant de louanges,
On ne mentira que fort peu.

ENSEMBLE.

HERSILIE.

Oui, je trouve licite
De faire, à juste prix.
Rendre hommage au mérite
Des choses que j'écris.
J'aurai pour caudataire

Même le plus railleur :
De son bien peut-on faire
Un usage meilleur ?
Le projet que j'expose
Me conduit à mes fins ;
Vous comprenez la chose,
Sans être des plus fins.

DÉSIRÉ.

Si de cette érudite
Je deviens le mari,
Sa vanité maudite
M'aura vite appauvri.
Mes biens, dont je puis faire
Mille usages meilleurs,
Deviendront le salaire
De mille écrivailleurs.
Du projet qu'elle expose
Je sais prévoir la fin :
Ma mort aurait pour cause
La honte avec la faim.

DÉSIRÉ.

Les déboursés faits de la sorte
Seront du moins, tel est mon vœu,
Votre dépense la plus forte?

HERSILIE.

Ce sera la moindre.

DÉSIRÉ, *à part.*

Ah! bon Dieu!

HERSILIE.

Je me ferai construire un palais identique
A ceux que bâtissait le goût du monde antique
Avec Prothyrum...

DÉSIRÉ.

Atrium.

HERSILIE.

Impluvium ..

DÉSIRÉ.

Triclinium.

HERSILIE.

OEcus...

DÉSIRÉ.

Pinacothèque...

HERSILIE.

Hypocauste...

DÉSIRÉ.

Hypogée.
Vous serez, par ma foi, très-dignement logée...
Et, je n'en doute pas, meublée à l'avenant.

HERSILIE.

Oh! oui; si l'art moderne entre dans ma pensée,
Il saura me créer un luxe surprenant.
Mon mobilier, Monsieur, sera tout un musée.

DÉSIRÉ.

A l'instar de celui qu'on nomme Campana ?

HERSILIE.

Plus beau!... — Voulant aussi que la force ou l'adresse
Devienne profitable à qui beaucoup en a,
Je prétends rétablir, quand j'aurai la richesse,
Les Olympiques jeux que célébrait la Grèce.
Saut, course, disque, lutte et pugilat...

DÉSIRÉ.

Holà !

HERSILIE.

J'achèterai des terrains pour cela.

DÉSIRÉ.

Ah ! le beau projet que voilà !

HERSILIE.

Et, pour attirer à ces fêtes
Affluence de concurrents,
Je fonderai pour mes athlètes
Des prix de plusieurs mille francs.

DÉSIRÉ, *à part.*

Oh !!...

ENSEMBLE.

HERSILIE.

Cette noble conduite
Aura le plus beau fruit :
Mon nom, puis mon mérite,
Bientôt feront grand bruit.
Lutteurs et discoboles
Sauront, par leur vigueur,
Des gens peu bénévoles

Désarmer la rigueur.
Le projet que j'expose
Me conduit à mes fins;
Vous comprenez la chose,
Sans être des plus fins.

DÉSIRÉ.

Si de cette érudite
Je deviens le mari,
Sa toquade maudite
M'aura vite appauvri.
Payer des discoboles,
Engraisser des boxeurs!
Combien ces fariboles
Égaieront les farceurs!..
Du projet qu'elle expose
Je sais prévoir la fin:
Ma mort aurait pour cause
La honte avec la faim.

DÉSIRÉ, *bas à Bonaloi.*

Convenez que je ne puis prendre celle-ci.

BONALOI, *de même.*

Ma foi, je vous conseille Olympia: elle

sera plus sage, quoique poète. *Haut.* Belle Hersilia, Mademoiselle votre sœur nous prive de sa présence : nous boude-t-elle ou est-elle malade ?

HERSILIE, *avec un sourire sardonique.*

Malade... effectivement : elle est en proie aux vers.

DÉSIRÉ, *surpris.*

Aux vers ?

HERSILIE.

Ou, si vous aimez mieux, au démon poétique. Je veux dire que, si Olympia tarde de venir, c'est qu'en ce moment, sans doute, elle versifie. Je vous demande pardon, Messieurs, pour sa puérilité.

BONALOI.

Puérilité ! quoi ! vous appelez ainsi le génie de Mademoiselle votre sœur !... Vous êtes sévère.

HERSILIE.

Moqueur!..... Ne craignez pas de dire devant moi qu'elle extravague ; je le vois comme vous ; l'amour fraternel n'a pas de bandeau.

BONALOI.

Il y paraît.

HERSILIE

Chut! voici cette chère Olympia.

(Olympia entre avec autant de fracas que sa sœur. Elle est toute vêtue de blanc, avec une écharpe bleue en sautoir, tient à la main une lyre et porte une couronne de cyprès ; ses cheveux, bouclés aux extrémités, flottent sur ses épaules.)

HERSILIE, *à part.*

Quel travestissement insensé! Elle se perd : j'ai de la chance.

SCÈNE VI.

LES PRÉCÉDENTS, OLYMPIA.

BONALOI, *saluant Olympia.*

Mademoiselle, nous avons l'honneur de vous saluer. Comment vous portez-vous?

OLYMPIA.

AIR.

Silence, profane, silence!
Ma Muse est là, prête à parler,
Et les vulgarités que votre bouche lance
La forceraient à s'envoler...

D'un air exalté.

O Muse, fais vibrer ma lyre
Et sans réserve épanche-toi;
Livre mon esprit au délire,
Emplis mon cœur d'un noble émoi.
Un accès de verve insolite,
En ce moment vient m'agiter;
L'inspiration passe vite
Dépêchons-nous d'en profiter.

Chante donc, Sirène et Déesse !
Échos de tes accents, mes vers
Donneront à l'humaine espèce
L'avant-goût des divins concerts...
O Muse, fais vibrer ma lyre
Et sans réserve épanche-toi ;
Livre mon esprit au délire,
Emplis mon cœur d'un noble émoi.

Ah ! la voilà, la voilà qui babille,
Comme un torrent
Murmurant
En courant ;
Elle babille, et de rimes j'habille,
Ses longs discours
Qui me semblent trop courts.

Désirez-vous une élégie, une ode,
Une satire, une idylle, un sonnet ?
Vous les servir m'est cent fois plus commode
Que tricoter ou faire un simple ourlet.
Je n'aurai qu'à traduire
En langage des Dieux
Ce qu'ici vient me dire
La Muse, enfant des cieux.

Tenez, tenez! je l'entends qui dénombre
Les oiseaux,
Les ruisseaux,
Les côteaux,
Les eaux,
Les roseaux,
Les prés, les blés, les lacs, les bois pleins d'ombre,
Le ciel pur,
L'or, l'azur,
Le futur
Obscur
Et peu sûr...
Qui veut, qui veut des roses?
Elle en tient, Dieu merci!
Du baume à fortes doses,
Des étoiles aussi.
Par elle, on entend l'âme
Rimer avec la flamme,
Le cœur avec moqueur,
Divin chœur ou vainqueur.
Les tombeaux et les larmes,
A l'en croire, ont des charmes,
Et pour moi le plaisir
Consiste à dépérir,
A languir, à gémir,

A frémir, à blêmir,
A souffrir, à s'aigrir,
A maigrir...

Ah! Dieux du ciel! que ma Muse babille!
C'est un torrent
Murmurant
En courant:
Elle babille, et de rimes j'habille
Ses longs discours,
Qui me semblent trop courts.

(*Après avoir dit ce morceau, Olympia dépose sa lyre et se rapproche des autres personnages.*)

OLYMPIA, *à Bonaloi, d'un ton mélancolique.*

Bonjour, Monsieur. Vous vous informez de ma santé?

BONALOI.

Oui, Mademoiselle; j'ai dit et je dis encore: comment vous portez-vous?

OLYMPIA.

Merci! vous êtes bon. Mon enveloppe terrestre échappe aux douleurs...

BONALOI.

Aux rhumatismes....

OLYMPIA.

Mais mon âme, Monsieur, oh! mon âme !!...

BONALOI.

Oui? elle souffre? Pauvre enfant! vous avez en mauvais état la tête et le cœur.

OLYMPIA.

Le cœur! oh! oui... car une soif surhumaine le consume dans mon sein, soif dont les strophes suivantes, filles de ma pensée, vont vous dire l'ardeur impuissante. (*Elle déploie un papier et lit.*)

ASPIRATIONS.

Oh! gardez-vous de croire, en me voyant sourire.
Que l'ombre du bonheur par moi se laisse voir;
Sans cesse mon cœur souffre, hélas! car il désire
Ce qu'il ne peut avoir.

Je voudrais, je voudrais être la svelte abeille
Qui passe au sein des fleurs ses heures de travail,
Ou le vert églantier, dont la rose vermeille
Devient fruit de corail.

Je voudrais, je voudrais être la libellule
Qui dans l'étang se mire avec d'énormes yeux,
Être le goëland qui librement circule
Entre l'onde et les cieux.

Je voudrais, je voudrais être une souple écharpe
Ondulant dans l'air pur comme il plaît au zéphyr,
Être un vague parfum, être un doux son de harpe,
Un rayon, un saphir;

Ou le nuage noir qui, sur la race humaine,
Tient en suspension la foudre dans ses flancs,
Ou le ruisseau bavard, dont l'onde se promène
Parmi des cailloux blancs.

Enfin, quand j'y perdrais l'honneur d'avoir mon âme,
Qui verra dans le ciel les anges l'accueillir,
Je voudrais être tout plutôt qu'une humble femme
Destinée à vieillir.

(Olympia s'assied.)

HERSILIE, *à part.*

Dieux! qu'elle est bête!

BONALOI.

Ah! Mademoiselle, voilà de magnifiques vers; mais j'ose ne pas souhaiter pour vous l'accomplissement des désirs qu'ils expriment: vous perdriez énormément à cesser d'être ce que vous êtes.

OLYMPIA, *se levant.*

Ce que je suis!... hélas! le serai-je toujours? Non! et, l'automne dernier, j'en exhalai la sombre prévision dans une ballade, que je vais vous dire encore.

(*Elle déploie un second papier et lit.*)

DÉCADENCE.

C'est le pâle mois d'octobre,
Le mois sobre
De lumière et de chaleur,
Le mois où le poitrinaire,
D'ordinaire,
Part pour un monde meilleur.

Le vent, jadis tiède brise,
Devient bise,
Et je le sens exiger
Que, pour me sauver d'un rhume,
Mon costume
Soit d'un tissu moins léger.

La brume ondule et tournoie,
Elle noie
Les coteaux de ceps couverts;
Au bois les teintes pourprées
Et dorées
Ont remplacé les tons verts.

Arbres que le vent dépouille
Et que rouille
Le brouillard dont l'air est plein,
Je vois dans votre feuillée
Gaspillée
L'emblème de mon déclin.

L'âge ôte à votre ramure
La verdure,
Il m'ôte, à moi, la verdeur;
Les ans, méprisant mes larmes,
A mes charmes
Font succéder la laideur.

Du temps le souffle dévaste
L'arbre vaste
Et l'humble fleur que je suis :
Le même sort nous afflige...
Mais que dis-je?
L'arbre n'a pas mes ennuis.

Ce qu'il perd de sa couronne
Par l'automne,
Le printemps le lui rendra;
Et ma beauté qui, trop vite,
Prend la fuite,
Plus jamais ne reviendra.

(Olympia se rassied.)

BONALOI, *qui, pendant la lecture des dernières stances, s'est essuyé les yeux avec son mouchoir.*

O Mademoiselle, merci, merci! c'est délicieux, pathétique, navrant...

DÉSIRÉ, *à part.*

Morbleu! vil complaisant, vous louez des sottises.

BONALOI, *à Olympia.*

Les douces larmes que vous m'arrachez vous prouvent, Mademoiselle, que du moins vous n'avez pas le malheur d'être incomprise.

OLYMPIA, *se levant.*

Incomprise!... Ce mot me fournit une occasion de vous lire une troisième pièce. Je l'ai faite hier matin. *Elle déploie un troisième papier et lit.*

A UNE INCOMPRISE.

Humble fileuse dont la toile
Cache sous un grisâtre voile
Les coins de ma chambre à coucher,
Jamais, ô craintive araignée,
Je ne vois sans être indignée
A ton œuvre un balai toucher.

Dieu croit bon de te donner l'être,
Et sa puissance te fait naître
Pour fabriquer tissus et fil :

Quand l'homme, dans ton industrie.
Brutalement te contrarie,
A te faire quels droits a-t-il?

Il te dit laide, horrible, affreuse;
Pourquoi?.. sa preuve la moins creuse
C'est que ta forme lui déplaît.
Cet argument peut-il suffire?
Un être humain, j'ose le dire,
Dans son espèce est aussi laid.

Lui, si complaisant pour sa bouche,
Ose te reprocher la mouche
Prise dans tes légers panneaux;
Ce reproche sied bien à l'homme,
Qui lâchement tue et consomme
Poulets, bœufs et tendres agneaux.

Va, je sais mainte âme d'élite
Qui, sensible à ton seul mérite,
Te contemple sans nul frisson;
Pour vaincre un dégoût ridicule.
Je me dis que, dans sa cellule,
Tu récréais feu Pellisson.

Je songe que de mort tu frappes
Mille insectes rendant les grappes
Victimes de leurs noirs méfaits,
Que par des bêtes de ta race,
Si sale, dit-on, si vorace,
Les fils de la Vierge sont faits.

Je songe à Monsieur de Lalande
Régalant sa bouche friande
De tes humeurs et de ta chair;
Je songe enfin que tes guipures
Sont pour les saignantes coupures
Un emplâtre utile et peu cher.

(Olympia se rassied.)

HERSILIE, *à part.*

Pouah! c'est de l'émétique en hémistiches. Elle se déconsidère. C'est bien.

BONALOI, *avec un air de béatitude extatique.*

Charmant! délicat! ravissant! (*A Louise.*) Vous partagez mon émotion, Mademoiselle Louise?

OLYMPIA.

Tiens! que fait ici cette petite?

DÉSIRÉ.

Mademoiselle vient de s'instruire...

HERSILIE.

En m'écoutant.

DÉSIRÉ, *à Olympia.*

Et elle s'émeut en vous prêtant l'oreille.

OLYMPIA.

J'autorise alors sa présence.

HERSILIE, *bas à Olympia.*

La mère ne vient donc pas? qu'est-ce qui la retarde?

OLYMPIA, *de même.*

Sa toilette. — Dis-moi, est-ce que je viens de faire un grand effet?

HERSILIE, *bas.*

Immense... (*A part.*) à mon profit.

OLYMPIA, *de même.*

Tu ne m'en veux pas?

HERSILIE.

Au contraire.

BONALOI.

Mademoiselle Olympia, un grand poète a réhabilité le crapaud; vous rendez le même service à l'araignée. Je verrai désormais le genre arachnide sans nulle horreur, même pour les tarentules.

DÉSIRÉ, *à part.*

Moi, je le verrai avec une horreur double. (*Haut*). J'aime à croire néanmoins que le respect des toiles d'araignée restera chez vous, Mademoiselle, à l'état de théorie et de fiction poétique.

OLYMPIA.

Eh! pourquoi donc, Monsieur? Je suis conséquente avec moi-même; mes actes confirment mes vers; ma conduite est l'application de ma poétique. Vous me direz que mes plafonds s'en trouveront mal ; que m'importe? je n'en verrai rien : un seul plafond a tous mes regards : c'est le ciel, ma divine patrie. Je ne suis liée à la terre que par les pieds.

DÉSIRÉ, *à part.*

Elle est moins liée qu'elle ne le mérite.

OLYMPIA, *déclamant.*

Et la seule joie que la terre me donne c'est l'oubli d'elle. Et cet oubli, je ne l'ai que dans les belles nuits d'été, lorsque, parmi les massifs d'arbres frémissants, je marche à l'aventure, seule et rêveuse, le front au vent, tenant fixés sur les étoiles mes yeux, étoiles eux-mêmes. Heures de mystère et de suavité! Alors, visible pour moi seule comme pour Jacob, l'armée lumineuse des archanges descend du ciel : et, dans des attitudes pleines d'une grâce ineffable, ils m'environnent; et chacun me fait de son aile un éventail, et, d'une voix mélodieuse, ils me disent tour-à-tour : « O ma sœur, ma sœur bien-aimée ! » Et je leur réponds : « Oui, votre sœur, esprits » célestes ! car, ainsi que vous, je ne vis » que par l'âme. »

BONALOI.

Vous vous nourrissez de pain cependant ?

OLYMPIA.

Oui... et de viande de boucherie ; c'est là ma grande misère. Millionnaire et mariée, c'est-à-dire maîtresse de mes actes, je me soustrairais bien vite à ce hideux régime : des hosties, des foies de colibris, des langues d'oiseaux du paradis et des cœurs de blanches tourterelles seraient, quoi qu'il en pût coûter, mes aliments uniques ; pour me désaltérer, je ferais recueillir, dans des flacons de cristal, les fraîches larmes tombées des yeux de l'aurore sur les œillets et sur les roses ; pour l'aciduler tant soit peu, j'y mélangerais la quintessence du suc des fruits les plus exquis.

DÉSIRÉ.

Que de frais pour avoir une gastrite !

BONALOI.

Une chose devrait, Mademoiselle, atténuer votre horreur pour la terre : c'est la gloire dont vous y jouirez.

OLYMPIA.

La gloire !... (*Montrant son front.*) Regardez ici : n'y voyez-vous pas une auréole ?

BONALOI.

Pas très-nettement. Il est vrai que j'ai la vue un peu basse.

OLYMPIA, *se mirant dans une glace.*

Eh bien ! moi, je la vois, et je me dis :

« Voilà le gage assuré de ta gloire pro-
» chaine. » Seulement j'ajoute : « Aide-toi
» et le ciel t'aidera, » et je me propose d'arriver à la gloire en m'aidant, quand je serai très-riche.

DÉSIRÉ.

En vous aidant de votre génie ?

OLYMPIA.

En traitant la critique avec munificence, pour qu'elle me traite avec justice, je veux dire avec faveur.

BONALOI, *à part.*

Ah ! c'est le même système que sa sœur.

DÉSIRÉ, *bas à Bonaloi.*

Convenez encore que je ne puis épouser celle-ci.

BONALOI, *bas.*

Hum !... je serais fort perplexe, à votre place.

DÉSIRÉ, *de même.*

Eh bien, moi, je ne le suis plus.

(*Mad. Gransac entre, coiffée d'un bonnet chargé de rubans et de fleurs.*)

BONALOI, *à part.*

Ah! voici le dénouement... Instant fatal et redouté!

SCÈNE VII ET DERNIÈRE.

OLYMPIA, HERSILIE, LOUISE,
Mme GRANSAC, DÉSIRÉ, BONALOI.

Mme GRANSAC, *avec une révérence.*

Messieurs... (*Échange de salutations.*)

HERSILIE, *bas à Mad. Gransac, en l'embrassant.*

J'ai été superbe.

OLYMPIA, *de même.*

J'ai été sublime.

Mme GRANSAC.

Veuillez donc vous asseoir, Messieurs... (*On s'assied.*) J'implore votre pardon : un homme d'affaires vient de me retenir loin de vous.

BONALOI.

Ce motif a notre respect, Madame. Le tracas des affaires n'enlève rien, je suppose, à votre chère santé ?

Mme GRANSAC.

J'ai une légère tendance au rhume... et le souci m'a tenue éveillée toute la nuit dernière.

BONALOI.

Je le comprends.

Mme GRANSAC, *sentimentalement.*

Sans doute ; à la veille d'être séparée d'une de mes chères enfants..... (*A part.*) Passons à la question du jour. (*Haut.*) Monsieur Désiré n'a-t-il à me dire rien de neuf ?

DÉSIRÉ.

Peu de chose, Madame.

Mme GRANSAC, *à part.*

Quelle timidité ! Son embarras m'amuse... mais j'entends que ce plaisir soit court.

BONALOI.

Le neuf est rare ici ; et, sauf la découverte faite récemment près de Gibraltar, comme vous savez, Mademoiselle Hersilie...

HERSILIE, *étonnée.*

Non, Monsieur, je ne sais rien du tout...

BONALOI.

Ah bah !... cet événement devrait pourtant vous intéresser plus que personne. Comment ! vous ignorez que, la semaine passée, on a retrouvé, à plusieurs pieds sous terre, les célèbres colonnes d'Hercule ?

HERSILIE.

Les colonnes d'Hercule ?

BONALOI.

Elles-mêmes : un péristyle de monolithes monstrueux, munis chacun de leur acte de naissance, conçu dans ces termes : *Hercules fecit*, suivis des fameux mots *Nec plus ultra*.

HERSILIE.

Ah !

DÉSIRÉ, *à part*.

Il se moque d'elle, je crois... c'est pour me mettre à l'aise.

Mme GRANSAC, *à part*.

Ah çà ! ils prennent, pour arriver au fait, une voie trop détournée ; passer par les colonnes d'Hercule !... Remettons-les sur le chemin direct. (*Haut.*) Les colonnes d'Hercule, c'est du passé ; ne parlons que du présent. Monsieur Désiré, avez-vous ouï parler du mariage prochain de Mlle Dufoin avec le fils Bêtassier ?

DÉSIRÉ.

Non, Madame... J'ai appris seulement que les vignes de Cuvilly ont un peu souffert de la gelée.

Mme GRANSAC, *à part.*

Bon! le voilà dans les vignes! quel vagabond! quel niais! (*Haut.*) Je ne crois guère, quant à moi, à ce mariage Bêtassier; il n'est pas certain comme le vôtre.

BONALOI, *à part.*

Pan! nous sommes au bord de l'abîme.

DÉSIRÉ.

Je vous remercie de cette allusion, Madame: en exigeant de moi une réponse, elle met un terme à la situation embarrassante dans laquelle nous sommes tous ici.

Mme GRANSAC.

Oui, il me tarde d'en sortir; finissons-en.

Parlez sans gêne ; nous savons tous l'objet de notre entrevue.

DÉSIRÉ.

Nous n'avons pas à nous gêner, c'est vrai... Mais...

Mme GRANSAC.

Mais quoi ? qui vous arrête ?

DÉSIRÉ.

Le choix de mes expressions, Madame.

Mme GRANSAC.

Allons ! il faut secourir votre timidité... Votre choix est-il fait ?

DÉSIRÉ.

Il l'est, Madame.

Mme GRANSAC.

Eh bien, faites-le connaître.

DÉSIRÉ.

Je crains de désobliger quelqu'un.

Mme GRANSAC.

Qui donc? celle que vous n'aurez pas choisie? Elle vous pardonne d'avance.

DÉSIRÉ.

Et je l'en remercie de même.

Mme GRANSAC.

Tenez! répétez après moi la phrase suivante: « Madame Gransac, je me fais l'honneur de vous demander la main de Mademoiselle..... » Et ajoutez à ce dernier mot le nom de celle que vous adorez.

DÉSIRÉ.

Madame, j'obéis. (*A part.*) Adieu, millions! Ombre de Jacques Dupré, pardonne-moi! (*Haut, avec résolution.*) Madame Gransac, je me fais l'honneur de vous demander la main de Mademoiselle... Louise Raymond, votre nièce.

LES TROIS GRANSAC, *poussant un cri.*

Ah !!...

BONALOI, *à part.*

Jacques Dupré est vengé.

Mme GRANSAC, *à Désiré.*

Parlez-vous sérieusement ?

DÉSIRÉ.

Très-sérieusement et de tout cœur.

FINAL.

LES TROIS GRANSAC.

O coup de foudre! ô honte! ô trait lâche et perfide!
Quoi! cette Cendrillon plus que nous le séduit!
Pour une autre (et quelle autre, ô ciel!) il se
[décide!...
Ayez donc du génie: on en tire un beau fruit.

ENSEMBLE.

LES TROIS GRANSAC.

Quelle traîtrise!
Quelle sottise!

De son esprit à bon droit j'ai douté ;
Ce choix modeste
Rend manifeste
Son mauvais goût et sa stupidité.

LOUISE.

Je comprends leur dépit,
Mon cœur y compatit ;
Mais j'en crains les effets: elles ont l'âme acide
Et je lis dans leurs yeux l'amour-propre irrité ;
Si leurs regards avaient un pouvoir homicide,
Mon hymen n'aurait lieu que dans l'éternité.

DÉSIRÉ.

Le douloureux dépit
Qui leur tourne l'esprit
Me flatte et m'attendrit;
Mais j'en crains les effets : elles ont l'âme acide
Et je lis dans leurs yeux l'amour-propre irrité:
Si leurs regards avaient un pouvoir homicide.
Mon hymen n'aurait lieu que dans l'éternité.

BONALOI.

J'aime assez leur dépit ; mais, bien que peu timide,
J'éprouve, en les voyant, certaine anxiété :
Si leurs regards avaient un pouvoir homicide.
Un cas de mort subite éteindrait ma gaîté.

HERSILIE, *à Désiré.*

Contempteur du mérite, ignorant, sacrilége!
Quoi! vous ne tenez pas à posséder ma main?

DÉSIRÉ.

A moins d'être insensé, pourquoi donc y tien-
[drais-je?
Vous n'affectiez pour moi que froideur et dédain.

OLYMPIA.

Prosaïque bourgeois, quoi! je n'ai pu vous plaire!

DÉSIRÉ.

Pardon! huit jours au moins; je vous aimai
[d'abord —
Mais, pour m'en corriger, vous avez tout su faire.
Dès longtemps, grâce à vous, cet amour est bien
[mort...
D'ailleurs, Mesdemoiselles,
Suis-je ce qu'il vous faut?
Votre esprit a des ailes
Qui l'emportent si haut!
Des gens d'un talent rare
Vous siéraient comme époux;
Moi, pauvret, je déclare
Être indigne de vous.

OLYMPIA ET HERSILIE.

Vous vous rendez justice
Et surtout, cœur trop bas,
Vous me rendez service
En ne m'épousant pas.

Mme GRANSAC.

En se privant d'être mon gendre,
Monsieur oublie évidemment
Que de deux millions, bons à prendre,
Il se prive pareillement.

DÉSIRÉ.

Gardez-les, gardez-les... Ah! j'ai l'âme ravie
D'être à si bon marché tiré de l'embarras. .
Plutôt mourir de faim que de passer sa vie
Avec qui nous déplaît et ne nous aime pas!

OLYMPIA ET HERSILIE.

Je lui déplais! ce coup m'assomme...
Juste ciel! que ne suis-je un homme!
J'aurais bientôt l'épée au poing.
Faible fille, je n'ai pour armes
Que mes ongles avec mes larmes...
A m'en servir n'hésitons point.

Mme GRANSAC, *à Désiré.*

Je ne combattrai pas votre goût pour ma nièce,
Et suis prête à combler votre étrange désir,
D'unir son sort au vôtre elle est bien la maîtresse...
Reste à savoir si c'est son bon plaisir.

(A Louise.)

Répondez-moi, petite ingrate,
Serpent par ma bonté nourri,
Est-ce que de Monsieur la demande vous flatte
Et voulez-vous l'accepter pour mari ?

LOUISE, *timidement.*

Ma tante. . en vous quittant j'aurai l'âme navrée...
Mais je vous suis à charge... et ne vous sers à rien...
Monsieur a mon estime . et tout en lui m'agrée...
Par ces divers motifs, ma tante... je veux bien.

OLYMPIA ET HERSILIE.

Elle a dit: « Je veux bien... » Fi! quelle effronterie!
Sa décence vraiment fait d'elle un beau parti :
Le nigaud dont elle est chérie,
En l'épousant, sera très-bien loti...

(Elles rient diaboliquement.)

DÉSIRÉ, *à Louise.*

Peut-être, en acceptant, manquez-vous de pru-
[dence,
Je suis pauvre, songez-y bien;
Car dans ce temps, où rien n'est grand que la
[dépense,
Ce que j'ai ne compte pour rien.

Mme GRANSAC.

Oui, consolez-vous en avec sa haute estime,
Vous voilà, cher Monsieur, à jamais ruiné.
Car j'entends bien garder jusqu'au moindre centime
Le double million par vous abandonné.

LOUISE, *à Désiré.*

Contentement passe richesse;
Loin du monde et du bruit, sans luxe, nous vivrons;
Le bonheur ici-bas c'est la paix, la sagesse;
Par la pauvreté nous l'aurons.

OLYMPIA ET HERSILIE.

Voyez donc cette philosophe!
La chaumière et le cœur!... c'est très-attendrissant.
Ses robes toutefois seront de pauvre étoffe
Et sa table n'aura rien de trop nourrissant.

(*Elles rient méchamment.*)

BONALOI, *à part.*

A cette gaieté vraiment folle
Je vais porter un coup mortel.

(Haut.)

J'ose demander la parole,
Pour un fait qui m'est personnel.

(A Désiré.)

On vous dit ruiné : la chose est inexacte.
Votre oncle a fait son testament;
Mais, comme on ne meurt pas pour avoir fait cet [acte,
Votre oncle existe encor.

OLYMPIA ET HERSILIE.

Quoi?

Mme GRANSAC.

Que dit-il?

LOUISE ET DÉSIRÉ.

Comment?

BONALOI.

C'est lui qui parle en ce moment...

(Stupéfaction.)

BONALOI, *à Désiré.*

AIR.

Oui, le frère de votre mère,
Jacques Dupré, c'est bien moi, me voilà,
Riche et guéri de la douleur amère
Qui de l'Europe autrefois m'exila.
Quand je voulus rentrer en France,
Un écrit par ma main tracé
Y vint vous donner l'assurance
Qu'au Pérou j'étais trépassé.
Puis, ayant traversé l'abîme,
En ces lieux je me suis permis
De venir, sous un pseudonyme,
Être un de vos meilleurs amis.
La clause tyrannique et neuve
Qui vous gâtait mon testament,
Fut faite pour mettre à l'épreuve
Votre désintéressement.
Par là je viens de reconnaître
Que, fort peu sensible aux écus,
Votre cœur a l'honneur de l'être
A ce qui vaut mille fois plus.
Mon cher, je vous en félicite;

Car autrement, sachez-le bien,
Je vous dirais : « Je ressuscite,
« Mais c'est pour ne vous léguer rien. »
Dieu merci ! dans notre famille
Mon bien restera tout entier,
Épousez cette aimable fille,

(*Montrant Louise.*)

Et vous serez mon héritier.

ENSEMBLE.

JACQUES.

Et voilà toute mon histoire,
Certe elle n'a rien d'immoral,
Mais vous êtes en droit de croire
Que je suis un original.

LES GRANSAC.

Qu'est-ce que c'est que cette histoire ?
Quelque feuilleton de journal...
Je sens pourtant qu'il y faut croire
Et que je vais me trouver mal.

LOUISE ET DÉSIRÉ.

Dieux ! quelle intéressante histoire !

C'est comme un conte oriental,
Mais, pour que j'ose n'y pas croire,
Le narrateur est trop loyal.

DÉSIRÉ, *à Jacques.*

Ah ça, souffrez que je vous blâme...

JACQUES.

Oui, car j'eus le grand tort d'agir étourdiment,
Vu que j'aurais pu rendre l'âme
Sans avoir eu le temps de tester autrement.
Mais il est une Providence
Pour sauver les bons cœurs de leur propre impru-
[dence.

Mme GRANSAC, *à Jacques.*

Peu croire aux revenants est un de mes défauts,
Et Monsieur, que de fraude, à regret, je soup-
[çonne,
Voudra bien me prouver devant les tribunaux
Que feu Jacques Dupré revit dans sa personne.

JACQUES.

Je vais, Madame, ici, pour éviter les frais,
De mon identité vous présenter un gage...

Il ôte ses besicles.

Veuillez m'envisager de près.

Mme GRANSAC, *après examen.*

Ciel! en effet, c'est lui; voilà ses yeux... ses traits...

JACQUES.

A quand ce futur mariage?
Je crois bon en tout cas d'en hâter les apprêts.

Mme GRANSAC.

Ah! oui: délivrez-moi de cette demoiselle,
Que le détai soit des plus courts:
Car veiller sur son cœur et l'avoir en tutelle
Sont pour moi des fardeaux trop lourds.

JACQUES.

Nous serons tous de noce alors dans quinze jours.

ENSEMBLE.

OLYMPIA ET HERSILIE.

O fatalité peu commune!
Soufflet cuisant! rude leçon!
Je vois l'Hymen et la Fortune
Me tourner le dos sans façon.

8

Je suis, par un vol manifeste,
Veuve de l'oncle et du neveu ;
Ma muse seule, hélas ! } me reste.
Ma science seule }
Pour me consoler c'est trop peu.

Mme GRANSAC.

O fatalité peu commune !
Soufflet cuisant ! rude leçon !
Je vois un gendre et sa fortune
Échapper à mon hameçon.
Victime d'un vol manifeste,
Je perds et l'oncle et le neveu :
Enfants, votre amour seul me reste :
Pour me consoler c'est trop peu.

LOUISE.

O félicité peu commune !
Bon oncle, nous vous chérissons.
Ce n'est pas pour votre fortune :
Le ciel sait si nous y pensons !
Ah ! de vos jours passez le reste
Avec moi, chez votre neveu,
Et la bienveillance céleste
Aura comblé mon dernier vœu.

DÉSIRÉ.

O félicité peu commune!
Mon oncle, nous vous chérissons.
Ce n'est pas pour votre fortune:
Le ciel sait si nous y pensons!
Je n'ai plus, ô bonté céleste,
A t'adresser qu'un dernier vœu:
Permets qu'un si bon oncle reste
Cent ans encore à son neveu.

JACQUES.

Votre chance n'est pas commune:
Car, en cessant d'être garçon,
Vous obtenez grande fortune
Et femme de bonne façon.
Moi, j'eus un destin plus funeste:
Mais Dieu, comblant mon plus doux vœu,
De mes jours embellit le reste
Par le bonheur de mon neveu.

FIN.

www.ingramcontent.com/pod-product-compliance
Ingram Content Group UK Ltd.
Pitfield, Milton Keynes, MK11 3LW, UK
UKHW021310190726
13839UKWH00007B/574

9 782329 428109